Jack Strood

Métodos Artesanais de Produção de Animação Stop Motion

Jack Strood

Métodos Artesanais de Produção de Animação Stop Motion

Até que ponto os métodos artesanais de produção de animação são viáveis no presente e no futuro?

ScienciaScripts

Imprint
Any brand names and product names mentioned in this book are subject to trademark, brand or patent protection and are trademarks or registered trademarks of their respective holders. The use of brand names, product names, common names, trade names, product descriptions etc. even without a particular marking in this work is in no way to be construed to mean that such names may be regarded as unrestricted in respect of trademark and brand protection legislation and could thus be used by anyone.

Cover image: www.ingimage.com

This book is a translation from the original published under ISBN 978-3-659-85382-1.

Publisher:
Sciencia Scripts
is a trademark of
Dodo Books Indian Ocean Ltd. and OmniScriptum S.R.L publishing group

120 High Road, East Finchley, London, N2 9ED, United Kingdom
Str. Armeneasca 28/1, office 1, Chisinau MD-2012, Republic of Moldova, Europe
Managing Directors: Ieva Konstantinova, Victoria Ursu
info@omniscriptum.com

Printed at: see last page
ISBN: 978-620-8-38617-7

Índice

Introdução

A forma e o contexto desta dissertação têm como objetivo investigar a verdadeira relação entre a animação digital e a animação artesanal no futuro do Reino Unido. A animação, no contexto do cinema, é "*a criação de imagens artificiais em movimento*".[1] Ao considerar a animação, é necessário descobrir e explicar certas formas do tema para mostrar os méritos e as deficiências de cada técnica. Este trabalho inclui breves estudos de 3-D, 2-D, stop frame, substituição, desenho à mão e muitos outros métodos de animação acessíveis e produzidos no Reino Unido. Identificará e estabelecerá as razões pelas quais a animação feita à mão tem uma presença estável e também se tem perspectivas promissoras. Há teorias que defendem que a animação feita à mão está a ser gradualmente esquecida. A quantidade de longas-metragens de animação feitas à mão está a diminuir devido à força das suas congéneres animadas em 3-D, o que pode constituir uma enorme ameaça para este sector. Para analisar o rumo da animação artesanal e mista nos próximos vinte anos, é necessário, em primeiro lugar, observar os pontos fortes significativos do seu passado. Descobrir as melhorias actuais que a animação está a empreender, conduzir-nos-á ao longo da viagem e tentará compor com precisão a conclusão sobre se os métodos artesanais de produção de animação são viáveis agora e no futuro.

Para identificar e examinar o tema em questão, vou explicar brevemente as diferentes formas de animação. Isto permitir-nos-á conhecer a terminologia técnica relevante para que possamos avançar confortavelmente sem parar para pensar. Atualmente, com a variedade de misturas, sobreposições e híbridos de animação, pode ser bastante difícil distinguir entre as técnicas absolutas e as colaborações. Essencialmente, os métodos de animação mais comummente praticados podem basear-se em três sistemas principais. A animação desenhada à mão, que também utiliza os termos animação "tradicional" ou "clássica". O segundo é a animação StopMotion, também conhecida como animação StopFrame. E, finalmente, a terceira técnica nesta estrutura é a animação por computador, ou por vezes conhecida como imagens geradas por computador (CGI). A

1 Definição de 'Animação' no Dictionary.com, <> (Acedido em 10 de outubro de 2013)

razão pela qual é tão importante investigar este estudo é para identificar a verdadeira ligação entre as três técnicas. Além disso, descobrirá o rumo que a relação está a tomar no que diz respeito ao futuro da indústria de animação atual.

A construção desta investigação permitirá vislumbrar as técnicas emergentes, as colaborações modernas e as tendências que se verificam atualmente na animação artesanal e mista. A investigação irá explorar os pensamentos dos estúdios e as opiniões individuais, para obter uma maior compreensão do campo da animação na sua posição atual e futura. O estudo que se segue divide-se simplesmente numa investigação em três partes: O passado, o presente e o futuro, tudo para descobrir a verdade real.

O primeiro capítulo investigará os fortes atributos que a animação possuía no passado. Apresentará as técnicas tradicionais de animação e analisará a forma como os grandes estúdios de animação, como a Aardman e a Disney, alteraram os seus métodos ao longo do tempo para se adaptarem às necessidades do público, dos clientes e da sua ética de trabalho. Revelará também, no âmbito da bilheteira, se existe uma correlação negativa ou positiva entre a técnica, o lucro bruto e o ano de produção. O segundo capítulo analisará a forma como os estúdios de animação funcionam atualmente e como continuam a utilizar meios artesanais e mistos nos seus resultados. Este capítulo irá revelar como os estúdios estão a utilizar diferentes formas de meios de comunicação para obterem uma vantagem bem sucedida na publicidade, e como as novas empresas mais pequenas estão a utilizar a animação de meios mistos para crescerem e se desenvolverem substancialmente na indústria mais pequena. Além disso, este capítulo também analisará a correlação entre o tipo e a quantidade de longas-metragens de animação e os anúncios e curtas-metragens de animação. O terceiro e último capítulo investigará os elementos que contribuíram para confirmar o futuro da animação artesanal e mista. Neste capítulo, serão analisadas as possíveis tecnologias atualmente disponíveis, como a impressão 3D, que podem ser utilizadas como ferramentas para a animação artesanal. Juntamente com o desagravamento fiscal que abriu novas possibilidades e caminhos para a aprendizagem e a produção.

Por fim, descobrirá como o desenvolvimento de novos cursos de animação de personagens da Aardman e da NFTS pode potencialmente fazer crescer futuros realizadores de animação. Atualmente, compreendo que a futurologia não é fiável, mas com material suficiente, posso apresentar com confiança a relação atual e esculpir uma projeção do verdadeiro futuro da animação artesanal e mista.

Capítulo 1. O método e o sentido

A animação sofreu muitas alterações nos últimos trinta anos, com o desenho à mão e o stop frame a continuarem a proporcionar oportunidades para criar animações de sucesso, enquanto técnicas como a animação 3-D estão a ganhar força. Este sucesso pode ser atribuído a uma série de factores, incluindo o desenvolvimento eficaz de técnicas para retratar o significado, a narrativa, o valor sentimental e gerar sucesso de bilheteira. Utilizando exemplos da Disney, Pixar, Aardman, LAIKA e Paddington Bear, este capítulo tentará avaliar como e porque é que estas técnicas evoluíram para métodos de substituição altamente técnicos e para a mistura de métodos para obter um maior efeito.

Identificarei as principais formas de animação, definindo a terminologia conforme apropriado, para estabelecer os sistemas que estas empresas utilizam. Por último, analisarei a forma como o valor sentimental e nostálgico pode desempenhar um papel no estilo de animação que preferimos. Espera-se que as respostas a estas perguntas permitam detetar padrões que possam indicar um novo caminho para as animações modernas e se os seus mercados estão a mudar em função dos seus resultados de bilheteira.

Animação tradicional

A técnica de animação tradicional, ou "clássica", utiliza o processo de desenhar cada fotograma no papel, com ligeiras diferenças que representam o movimento da personagem ou do objeto. Tradicionalmente, todos os fotogramas são fotocopiados para folhas de acetato (Cels), pintados e fotografados com uma câmara de tribuna virada para baixo. A tecnologia contemporânea permite que os fotogramas sejam digitalizados para um computador e editados num software de edição de vídeo. Normalmente, este método adopta 12 ou 24 fotogramas por segundo (FPS) para ilustrar o movimento. Richard Williams[2] analisa o processo de movimento; ver figura 1 para uma demonstração de um ciclo de marcha animado utilizando fotogramas-chave com

2 Williams, R, The Animator's Survival Kit, edição revista, Faber and Faber, Londres, 2009, p. 109

fotogramas intermédios para suavizar a ação.

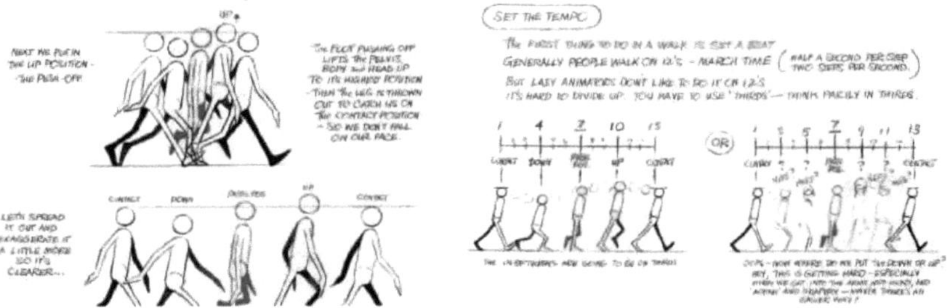

Figura 1 - Ciclo de marcha indicando o número de posições necessárias e as dificuldades de criação de ritmo.

Para um exemplo mais relacionado com a indústria, os filmes tradicionalmente animados de Walt Disney são os mais importantes no que respeita à animação clássica. A quantidade de longas-metragens de animação clássica a partir de 1937 foi intermitente mas constante, com uma longa-metragem a ser lançada de dois em dois ou de três em três anos,[3] mas depois de 1985 a quantidade começou a diminuir. A produção foi abundante e, na sua maior parte, extremamente bem sucedida. Dois exemplos de animação tradicional da Disney são "Dumbo (1941)" e "Winnie the Pooh (2011)", ambos de animação clássica, mas produzidos em gerações diferentes, com um intervalo de quase setenta anos.

3 IMDB, List of Traditionally Animated Disney Films (Acedido em 22.12.2013) < >

Figura 2 **- Quadro de produção "*Dumber* Drawn", 1941**

Figura 3 **- Longa-metragem *"Winnie the Pooh"* 2011**

Apesar de o desenho à mão ainda ser utilizado em 2011-2012, a Disney reconheceu que a animação em 3-D podia ser bem sucedida. A Disney considerou necessário desenvolver outro ramo para o seu departamento de animação, uma vez que havia agora concorrência dentro do próprio estabelecimento. Por exemplo, o filme da Disney Winnie the Pooh (como já foi referido) foi lançado em 2011 com um valor bruto de $26.692.846[4] , em comparação com Cars 2 (abaixo), que era uma longa-metragem 3-D gerada por computador, que recebeu $191.452.396 no seu valor bruto de vida[5] , que também foi lançado no mesmo ano. Com estes dois filmes em contexto, o rendimento de um filme de animação 3-D, nesta altura, seria superior a uma margem de lucro de 600%. Este facto confirma consideravelmente uma mudança nos estilos de animação para o futuro da Disney e para a força futura da Pixar.

4 Winnie the Pooh, Box Office Figures < > (acedido em 22.12.2013)
5 Carros 2, números de bilheteira <
>(Acedido em 22.12.2013)

Figura 4-' Cars2' **concorrente do Winnie the Pooh em 2011, Disney Pixar**

Animação Stop-Motion

A animação Stop Frame, ou Stop Motion, é o ato de fazer pequenos ajustes incrementais a um objeto e tirar uma fotografia de cada fotograma para formar uma sequência de movimento. Este método pode ser utilizado com uma grande variedade de objectos, desde marionetas totalmente equipadas para dar a ilusão de vida a um objeto inanimado, como uma máquina. A animação em stop motion com barro, ou "clay-mation", é frequentemente praticada com este método, utilizando uma armadura de base para dar rigidez. A animação desenhada e 3-D utiliza quadros-chave, ou animação 'Pose-to-Pose' e intervalos para compilar um movimento fluido; o stop frame utiliza um método ligeiramente diferente chamado 'Straight-Ahead'. Esta ação consiste em o animador mover o objeto milimetricamente de cada vez em sequência, sem quadros-chave ou planos intermédios. O animador move o modelo diretamente em frente da última pose, uma vez que a câmara estaria a registar o movimento na sequência. O termo "Go- Motion" é uma variante da animação em stop motion, mas incorpora a desfocagem de movimento em determinados fotogramas fotografados para dar a ilusão de movimento rápido. Desde 1993, o software de stop-motion "Dragonframe" (anteriormente Dragon Stop Motion)[6] permite aos animadores verem uma imagem ao vivo da câmara digital com um computador e reverem a linha de tempo enquanto trabalham. Abaixo estão as armaduras utilizadas na longa-metragem em stop

6 Sítio Web da Dragonframe, < > (Acedido em 15 de janeiro de 2014)

motion da LAIKA, "Paranorman".

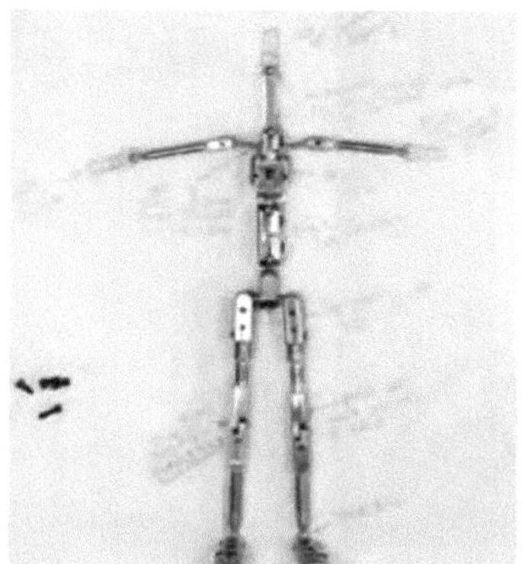

Figura 5 -Armadura em movimentoforfllm "Paranorman" 2012

O exemplo mais famoso e conhecido é o da Aardman Animations, que utiliza esta técnica para animar as famosas curtas-metragens de Wallace e Gromit. A sua primeira longa-metragem intitulava-se "Chicken Run" e foi filmada utilizando pequenos modelos de galinhas, baseados em armaduras e cobertos de barro para a textura. Os animadores da Aardman são frequentemente contratados por outras empresas, uma vez que os seus talentos são desejáveis, o que pode inspirar uma nova geração de animadores de stop frame. O seu sentido de humor britânico continua a ser celebrado todos os anos na programação televisiva de Natal e foi sempre premiado com um lugar nas listas dos melhores filmes de Natal.[7]

7 Aardman Film Schedule Christmas 2013 < ttp://www.wallaceandgromit.com/forum/read/52503/1>_ {Accessed28.12.2013)

Figura 3 - ***Wallace e Gromit*****, Aardman Animations**

Figura 4 -' *Chccken Run'* Aardman Animations, 2000

Animação 3-D gerada por computador

A animação 3-D é o ato de modelar uma malha geométrica num espaço digital tridimensional para formar qualquer forma com vários lados. Se o modelo for uma personagem, é fixado um rig (esqueleto) no interior do modelo e este fica pronto para a animação. Os princípios da animação, como o squash e o stretch, são transferíveis para a animação 3-D, mas o ato de desenhar cada fotograma à mão é erradicado. Em vez disso, os quadros-chave ou as poses-chave da personagem são colocados na linha de tempo e o computador interpola a própria ação intermédia. Este seria considerado o papel de um "intermediário" para um animador tradicional no passado, daí que este seja um fator que contribui para que a produção em 3D seja menos dispendiosa. No entanto, com as ferramentas 3D, existe um fluxo de trabalho distinto que teria de ser utilizado para respeitar as normas da indústria. As etapas são a pré-produção, a modelação, o equipamento, a texturização, a disposição e a animação, a iluminação e o sombreamento, a renderização e a composição.[8] Estas etapas não são diferentes das de qualquer outra forma de animação, mas são, no entanto, exclusivas do 3D. Abaixo está uma captura de ecrã de um equipamento de controlo por trás de uma personagem na longa-metragem em 3D "A Idade do Gelo".

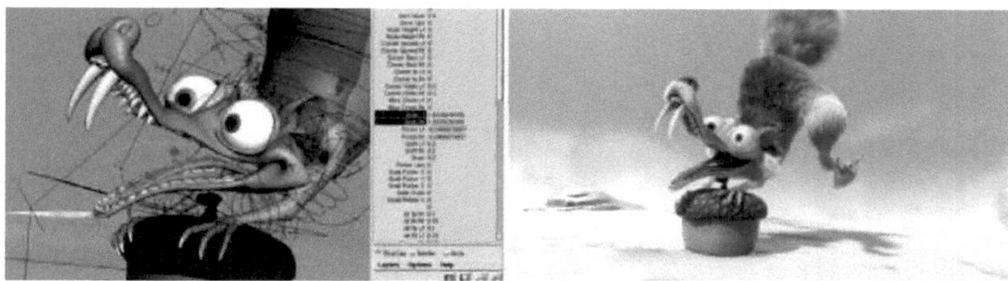

Figura 5 - Equipamento de personagem para "Serat", *IceAge* Figura 6 - Renderização 3D completa de "Serat", *IceAge*

O pioneiro mais notável da animação 3-D é a Disney. O sucesso da empresa levou vinte anos a ser desenvolvido por John Lasseter, que começou por recorrer à ajuda da Lucasfilm e acabou por mudar de mãos e ser investido exclusivamente por Steve Jobs e confirmado como "Disney Pixar". Em 1995, foi produzida a primeira longa-metragem de animação 3D de sempre, intitulada "Toy Story" (Figura 10), que rendeu 192 milhões de dólares durante a sua vida.[9]

"A adição da Pixar melhora significativamente a animação da Disney, que é um motor criativo fundamental para impulsionar o crescimento das nossas actividades", afirmou Robert Iger, CEO da Disney, numa declaração escrita.[10]

8 Withrow, S. *Secrets of Digital Animation: A Master Class in Innovative Tools and Techniques*, Rotovision, Hove, 2009 (pp.64 - 65)
9 Toy Story, Box Office Figures <://www.boxofficemojo.com/search/?q=toy%20story> (Acedido em 23.12.2013)
10 CNN Money, A Disney compra a Pixar <://money.cnn.com/2006/01/24/news/companies/disney_pixar_deal/> (Acedido em 23.11.2013)

A Pixar tem continuado a melhorar as suas capacidades e a produzir pelo menos uma longa-metragem por ano desde 1995. Toy Story 3 é, de facto, o filme de animação com maior bilheteira de todos os tempos[11] , com um total de 920 milhões de dólares (590 milhões de libras) em bilheteiras mundiais desde o seu lançamento em junho de 2010. Em 2013, a última longa-metragem desta sequência intitulou-se Universidade Monstros, que arrecadou 268.492.764 milhões de dólares brutos ao longo da sua vida até à data[12] (imagem abaixo).

Figura 7 - '*Toy Story*' Disney Pixar 1995

Figura 8 - "*Universidade dos Monstros*" Pixar, 2013

O sucesso da Disney Pixar no contexto dos filmes de animação 3-D não se limita apenas à Pixar. Muitos outros estúdios de animação independentes têm tido um êxito

11 Toy Story 3, Highest Grossing Animated Film <://www.telegraph.co.uk/culture/film/film- -Story-3-highest-grossing-animated-film.html> (Acedido em 26.12.2013)
12 Números de bilheteira da Universidade Monstros <ttp://www.boxofficemojo.com/search/?q=monster %20universidade≥JAccessed 23.12.2013)

semelhante ao da Pixar. Por exemplo, a Universal Pictures recebeu uma receção aclamada pela crítica ao segundo filme intitulado "Despicable Me 2' ", com as personagens a serem facilmente transformadas em brinquedos e jogos. Com um lucro bruto de 368 milhões de dólares até à data, foi certamente um rival digno da Pixar.[13]

Figura 9 - Cartaz do filme *Despicable Me 2,* 2013

Com o triunfo da Pixar e de outros estúdios ao longo das últimas duas décadas, estes demonstraram como produzir longas-metragens 3-D de sucesso com enredos totalmente estabelecidos e com um grande sucesso de bilheteira. Esta é, no entanto, uma história de sucesso para o futuro da produção em 3-D, mas os filmes clássicos e em stop motion são menos comuns devido ao sucesso das longas-metragens em 3-D.

O Adobe Flash é um software de desenho e animação que permite ao animador ver a ordem dos fotogramas num relance e desenhar diretamente num palco. O Flash é

13 Despicable Me 2 Box Office Figures <://www.boxofficemojo.com/search/?q=despicable%20me%202>_ (Acedido em 24.12.2013)

semelhante à animação desenhada tradicionalmente, no sentido em que o artista desenha digitalmente os fotogramas no palco, utilizando uma mesa digitalizadora e uma caneta, passando entre cada fotograma-chave (Onion skinning) e desenhando entre fotogramas para obter um movimento fluido. É também semelhante à animação 3-D, na medida em que os pontos de articulação podem ser ligados a activos digitais 2-D e o computador pode interpolar o movimento de um quadro-chave para outro quadro-chave. Existe uma linha de tempo digital de valor incalculável que incorpora camadas com as quais o animador pode trabalhar. Foi vagamente estabelecido que existem duas utilizações principais para o Adobe Flash que podem utilizar bem a plataforma digital para animação. Em primeiro lugar, a animação "Pose-to-Pose" e, em segundo lugar, a animação "Cut-out" .[14]

A animação pose-a-pose é um termo utilizado para desenhar poses-chave em pontos específicos da linha de tempo e, em seguida, preencher os fotogramas vazios com fotogramas desenhados entre eles, tal como a animação desenhada à mão. O Flash, como programa digital, pode aplicar mais ferramentas a este processo. Uma técnica é o 'Motion-tween', em que o objeto se move no ecrã de um quadro-chave para outro, sem mudar de forma. Outro método é o 'shape-tween', em que o Flash transforma uma forma durante o tempo atribuído noutra forma na linha de tempo automaticamente para o animador. A animação de recorte inclui objectos planos em movimento criados a partir de cortes de materiais, fotografias, desenhos e até papel, para dar a ilusão de movimento. Na animação de recorte de personagens, muitas vezes cada membro é um módulo separado e articulado em torno de um ponto de movimento natural, por exemplo, um ombro ou uma articulação do joelho.

Um exemplo de produção de uma curta-metragem em Flash é "Thought of You - Making of". Nos dois terços superiores da interface, encontra-se a fase em que o animador desenha cada fotograma com a ajuda da técnica "onion skinning". O terço inferior é a linha de tempo com quadros-chave e camadas definidas. A semelhança com a animação tradicional desenhada à mão é deliberada para emular o método num

14 *Withrow, S.* Secrets of Digital Animation: AMaster Class in Innovative Tools and Techniques, *Rotovision, Hove, 2009 (P.48)*

formato digital.

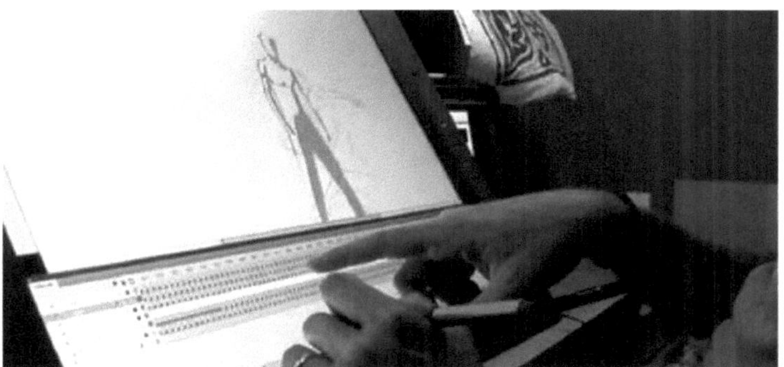

Figura 10 - *"Thought of You - Making of* Adobe

Captura de ecrã em Flash, 2011

Nos últimos 5 anos, a indústria britânica de animação em Flash pode ser mais conhecida pelo animador Simon Tofield. Tofield usa o Flash para criar a sua série de desenhos animados de grande sucesso no YouTube, "Simon's Cat". Com este software disponível, Simon conseguiu utilizar desenhos simples para captar a essência do seu gato doméstico brincalhão e esfomeado. Estas pequenas animações têm um enorme sucesso na atualidade, uma vez que qualquer vídeo em particular foi visto entre 1 milhão e 46 milhões de vezes.[15] O mais recente dos quais "Christmas Presence (Part 1)" foi visto

2.698.331 vezes[16] (27 de dezembroth 2013).

"O primeiro filme do Simon's Cat, CatMan Do' foi, na verdade, um exercício de aprendizagem que me propus a mim próprio para aprender Flash. Não fazia parte de nenhum grande esquema, e era suposto ser apenas um" ~Simon Tofield[17]

15 Canal do Youtube do Gato do Simon, < .youtube.com/user/simonscat/videos> (Acedido em 27.12.2013)
16 Simon's CatYoutube, 'Christmas Presence', ://www.youtube.com/watch?v=abPLDLV8O4s (Acedido em 27.12.2013)
17 Skwigly, Revista de Animação Online, < .skwigly.co.uk/simons-cat/> (Acedido em 24.12.2013)

Figura 11 - ***Gato do Simão,*** **"Presença de Natal (Parte 1)", 6 de dezembro de 2013**

Com o Adobe Flash como uma peça de software prontamente disponível e uma alternativa digital adequada à animação desenhada à mão, o aumento de filmes desta natureza está a aumentar. No entanto, o estilo "caneta digital" é muito diferente de um lápis, mas é um aspeto desejado em Simon's Cat. O Flash tem uma estrutura sólida para suportar a animação de estilo tradicional no futuro com um toque de modem.

Animação de meios mistos

Os meios mistos são a colaboração de duas ou mais técnicas de animação num filme para obter uma mistura que complemente a narrativa e os métodos envolvidos. A utilização de estilos de animação mistos nos resultados pode acrescentar uma profundidade extra à ação ao vivo ou apoiar uma animação em stop motion. A ação ao vivo pode ser combinada com desenho à mão; a animação desenhada também pode ser misturada com animação em stop motion. Só a narrativa poderá decifrar o estilo. Uma dificuldade é que quando os dois se casam no ecrã e as taxas de fotogramas são diferentes, por vezes a animação desenhada tem de aumentar de 12 fotogramas por segundo para 24 fotogramas para manter a fluidez da ação ao vivo.

Uma série de televisão bem conhecida que utilizou meios mistos no seu resultado foi "Paddington Bear", 1975-1978. Paddington era uma marioneta em stop motion no cenário com personagens e fundos bidimensionais desenhados de forma plana. Estas personagens planas foram desenhadas com marcadores de cor e tinta preta para definir os pormenores. Era uma mistura perfeita de vários estilos de animação: Paddington Bear era uma marioneta tradicional em stop motion e as personagens desenhadas eram realçadas por um método de animação de substituição. A animação de substituição é o ato de colocar uma série de quadros físicos desenhados à mão em sequência para demonstrar a animação 2-D num cenário 3-D. Paddington voltou a ser exibido como anúncio para a Marmite pela Tandem Films, Londres[18] , quase trinta anos depois, em 2007.

Figura 12 - *Paddington BearDVD,* Episódio 16 - "Trouble at Number Thirty-Two", Filmfair, 1975

18 Sítio Web da Tandem Films, *'Marmite Paddington ',* Vídeo da Tandem Films, < .tandemfilms.com/marmite-paddington-daniel-greaves-tobias-fouracre/>_(Acedido em 28.12.2013)

Figura 13 - *Urso Paddington*, anúncio da Marmite, Tandem Films, 2007

Entre as longas-metragens mais famosas que incluem métodos mistos está o clássico "Who Framed Roger Rabbit". Animado por Richard Williams, produzido por Steven Speilberg e realizado por Robert Zemeckis, este filme mistura actores ao vivo e personagens desenhadas e animadas. Foi necessário ter uma atenção especial para que a iluminação se cruzasse bem. Por exemplo, na cena abaixo, as lâmpadas projectariam sombras diferentes em cada personagem.[19]

Figura 14 - Stubby Kaye em ação real e Jessica Rabbit num quadro composto desenhado à mão, "Who Framed Roger Rabbif", 1988

Dois exemplos que demonstram a utilização da animação mista com um cenário de série televisiva e um ambiente de longa-metragem, tanto Paddington Bear como Roger

19 Taylor, R. *The Encyclopedia OfAnimation Techniques,* Running Press Book Publishers, Pennsylvania, 1999, p.66

Rabbit têm uma qualidade única e diferente, uma vez que combinam dois estilos. Paddington Bear foi revisitado para ser transformado num anúncio em 2007, o que mostra a força e a longevidade do estilo de animação mista e Roger Rabbit é um conhecido favorito cultural que mistura ação ao vivo e desenho à mão. Não haverá um futuro sombrio, pois os estúdios encontrarão sempre formas versáteis de utilizar técnicas de mistura. Os designers de todos os meios continuaram a encontrar outras formas fora dos seus parâmetros para serem criativos com a sua arte. Tal como a animação, o design gráfico tem um sentido semelhante de saltar para os meios híbridos. No livro "The Education of a Graphic Designer", Chris Pullman escreve

Antigamente, design gráfico significava plano, estático, bidimensional. Atualmente, engloba múltiplos suportes híbridos, não é apenas visual, mas envolve uma variedade de sentidos, mais como a própria vida, que se desenrola num mundo de quatro dimensões.[20]

O termo "artesanal" é um estratagema?

Para identificar as conotações que as pessoas entendem da palavra "artesanal", uma definição do que torna a palavra tão atractiva poderia ajudar e educar os designers no âmbito da criação. A definição vaga da palavra "artesanato" é envolver a habilidade de fazer um objeto à mão. Há uma honestidade e um entendimento inerentemente forte de que o objeto teria sido cuidadosamente esculpido ou desenhado com habilidade artesanal, sem a ajuda de uma máquina. Há algumas teorias que incluem a palavra "Handmade" ou "Handcrafted" apenas como um estratagema para levar o público a comprar, mas na animação não é esse o caso. No livro "On Craftsmanship: Towards a newBauhaus", ChristopherFrayling escreve:

Quando os publicitários utilizam "crafted" como substituto de "manufactured"... 'estão a tentar iludir o público, fazendo-o acreditar que algo foi feito à mão, de uma forma cuidadosamente antiquada...[21]

Apesar dos esquemas de marketing inteligentes, a animação artesanal, como o desenho

20 Heller, S. *The Education of a Graphic Designer,* Allworth Press, Nova Iorque, 1998, p.109
21 *Frayling, C.* On Craftmanship: Towards a new Bauhaus, Replika Press Pvt Ltd, Índia, 2011, p. 61 (On Crafted)

à mão e o stop motion, é, pela sua própria natureza, artesanal e nada mais. Mesmo que os animadores queiram utilizar o termo, estão no seu próprio direito de o fazer, uma vez que se trata de uma utilização correta do termo. No entanto, existe o perigo de fazer publicidade a um objeto ou a um filme através da utilização de "Handmade" ou de uma descrição semelhante, para promover falsamente os "feitos à máquina" como objectos cuidadosamente trabalhados. A animação desenhada à mão e o stop-motion são completamente feitos à mão e não são certamente um estratagema para falsamente puxar pela nostalgia, mas sim uma reminiscência das técnicas de anos anteriores. Christopher Frayling continua, levantando outra questão sobre a nostalgia:

... É como se os publicitários estivessem a vender-nos a nossa própria nostalgia com lucro.[22]

O sentimento de nostalgia desempenharia um papel importante nas animações. Será que a Disney não teria redesenhado o Winnie the Pooh sem razões nostálgicas, ou será que a Marmite não teria trazido de volta o Paddington Bear se este tivesse um valor nostálgico escasso? Como pessoas, somos atraídos pelo trabalho feito à mão e somos obrigados a apreciar e a relacionarmo-nos com os atributos físicos feitos à mão de um objeto:

... A sua origem está, inicialmente, na biologia do cérebro. As pessoas usam o artesanato para exercitar uma inteligência corporal dotada... as pessoas procuram depois outras que partilham as mesmas experiências, acabando por inventar uma cultura adaptativa baseada no valor do trabalho manual.[23]

Com o reconhecimento de que os objectos feitos à mão têm um valor nostálgico e de alta qualidade, uma certa validade pode apoiar a animação feita à mão como sendo desejável por direito próprio. O facto de os desenhos, as esculturas, os moldes, o barro, o trabalho em madeira e outros "ofícios" estarem incluídos na criação de certas animações, encorajaria a valorização desse trabalho. Infelizmente, a expressão "Handmade" (feito à mão) é utilizada na publicidade para vender produtos, mas a

22 Frayling, C. *On Craftmanship: Towards a new Bauhaus, Replika Press Pvt Ltd, Índia, 2011, p. 61 (sobre a nostalgia)*
23 Metcalf, B. "*Craft and art, culture and biology*", em Dormer, P. "*The Culture of Craft: Status and Future (Studies in Design),* Manchester University Press, Manchester, 1997 *',p. 79*

animação feita à mão é fiel à forma e, honestamente, possuiria valores de habilidade, alta qualidade e até de reminiscência. Na sua essência, "Handcrafted" não é um estratagema para vender animações; é simplesmente o processo genuíno.

Este capítulo revelou alguns dos estilos de animação mais notáveis, analisando exemplos da indústria e uma visão sobre a forma como a técnica é utilizada. Mesmo quando uma técnica de animação é aparentemente bem sucedida, o enorme salto tecnológico obriga, por vezes, a uma mudança de caminho para o futuro. Entre estas contam-se a orientação do Flash para o desenho à mão e a introdução do software Dragonframe na animação em stop-motion. Foi também tomada consciência da cultura subjacente às técnicas artesanais e ao processo de pensamento, uma vez que os seres humanos gravitam instintivamente em torno de objectos feitos à mão e apreciam o seu valor. Estes dois aspectos juntam-se para compreender um equilíbrio entre os papéis da tecnologia futura e dos métodos artesanais mais antigos. Há muito mais a descobrir sobre a animação artesanal e de meios mistos. Os capítulos dois e três desenvolverão uma visão dos elementos significativos em linha para o seu futuro.

Capítulo 2 Movimentos actuais

Esta relação entre as diferentes técnicas de animação e as suas restrições financeiras tornou-se mais flexível. A introdução de colaborações revolucionárias pode tornar-se popular para

Os animadores actuais distinguem-se dos seus concorrentes. Que inovações, em particular no domínio da animação, se tornaram populares em todo o país devido a acontecimentos específicos? Quando se analisa a mudança e o desenvolvimento de técnicas, pode aprender-se muito com os estúdios mais pequenos e com o que eles conseguem alcançar com um orçamento de projeto relativamente pequeno

Este capítulo tem como objetivo identificar os destaques notáveis da animação atual e qual é a técnica de animação multicamadas mais avançada. Por fim, analisarei a forma como um anúncio curto e animado pode controlar a forma como os espectadores interpretam o comércio.

Em termos de estilo, a nova tendência é não ter uma tendência - é tudo ao mesmo tempo, a toda a hora.[24]

Sourcing coletivo

A quantidade de longas-metragens de animação em stop motion tem vindo a diminuir lentamente nos últimos cinco anos. Um meio que tem sido utilizado de forma notável é o financiamento coletivo. Este é o ato de obter fundos do público, ou "multidão", em vez de receber financiamento de uma organização. Se for bem sucedido, não só assegura os fundos desejados, como também adquire uma audiência atenta. Existem várias formas de obter fundos da multidão, mas a mais popular atualmente é um sítio Web chamado "Kick Starter".

' *Os criadores do projeto definem um objetivo de financiamento e um prazo. Se as pessoas gostarem de um projeto, podem oferecer dinheiro para o tornar realidade. O financiamento no Kickstarter é do tipo "tudo ou nada" - os projectos têm de atingir os*

24 *Burns, M. 'Animation Trends 2012: Descubra as novas formas e estilos mais quentes'.* DigitalArts Online, ,<√www.digitalartsonline.co.uk/features/motion-graphics/animation-trends-2012-discover-hottest- new- orms-styles_> *(Acedido em 20.12.2014)*

seus objectivos de financiamento para receberem algum dinheiro[25]

O Kickstarter é particularmente útil para a animação em stop motion. Um exemplo deste sistema de angariação de fundos em linha é a campanha apresentada pela Aardman Animations para novos episódios de Morph. th O objetivo de financiamento do projeto de 75.000 libras foi largamente ultrapassado e angariou 110.648 libras em 28 de novembro de 2013 por 2.654 apoiantes.[26]

Figura 15 - Miniatura do vídeo da campanha Kickstarter do Morfo, Aardman, 2013

Isto assegura com sucesso o futuro do stop motion com animações Morph, mas o Kickstarter não está reservado apenas para as personagens animadas anteriormente celebradas. Daniel Greaves também lançou uma campanha de meios mistos denominada "Mr. Plastimime[1] ", que se espera venha a ser financiada por crowdsourcing. O artista mímico animado em stop frame inclui expressões faciais animadas em 2-D num ambiente 3-D.

25 Kickstarter, "O que é o Kickstarter?", <.kickstarter.com/hello7ref=nav> (Acedido em 15.01.2014)
26 Morph, Kickstarter Pledge Page, <ttp://www.kickstarter.com/projects/1961548517/all-new-adventures- of-morph-from-aardman-animation > (Acedido em 16.01.2014)

Figura 16 - Miniatura da promessa do vídeo Mr Plastimime, Kickstarter, Tandem Films, 2013

Este projeto atingiu com êxito o seu objetivo de 34 500 libras em abril de 2013[27] . Estes podem ser dois projectos bem sucedidos, mas são uma luz para futuras animações em stop frame e para a gratificação do público. Quando um projeto é apresentado ao público, existe sempre uma possibilidade real de fracasso e de desperdício dos recursos iniciais. Os projectos podem fracassar porque a "multidão" pode ser imprudente em relação ao tema ou até mesmo não fazer donativos suficientes[28] . Apesar de alguns projectos falharem, a angariação de fundos através da multidão pode ser uma forma segura de obter apoio e espectadores para o futuro.

Parcerias crescentes

As empresas mais pequenas imitam muitas vezes as grandes técnicas numa escala reduzida, o que torna os projectos mais susceptíveis de obter financiamento dos clientes. Para esta demonstração, foram analisadas duas empresas de comunicação social sediadas em Swindon, ambas relativamente da mesma dimensão. Em primeiro

27 Mr Plastimime Tandem Films Kickstarter Pledge Page, <://www.kickstarter.com/projects/tandemfilms/daniel-greaves-mr-plastimime-a-claymation-short-fi≥-(Acedido em 16.01.2014)

28 Meta Q Webzine Online para Designers, Crowdsourcing, ://themetaq.com/articles/crowdsourcing-the-good-the-notso-good-and-the-downright-ugly (Acedido em 20.01.2014)

lugar, a Firebird-Films Ltd[29] , especializada na produção de filmes para empresas e em animação feita à mão, bem como a Rendermedia[30] , especializada em CGI e animação de alta qualidade para marketing digital multiplataformas.

Poder-se-ia argumentar que, como estas duas empresas têm uma dimensão semelhante, estariam a competir por projectos; no entanto, é eficaz dizer que as duas técnicas diferentes poderiam trabalhar em cooperação. Os métodos handmade (Figura 20) e CGI (Figura 21) são ambos utilizados com confiança, mas o mais importante é que estas empresas mais pequenas podem ser a chave para uma estratégia comercial bem sucedida devido aos preços mais baixos em comparação com os estúdios sediados em Londres.

Figura 17 - Firebird Films Ltd, GPSL Handmade Animation, 2013

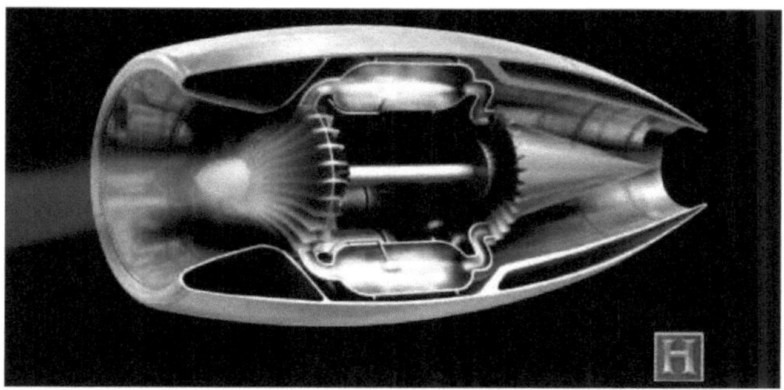

Figura 18 - Rendermedia, Motor a jato para o canal History, 2008

29 Firebird Films Ltd, Swindon, Website, < .firebird-films.co.uk/> (Acedido em 17.01.2014)
30 Rendermedia, Swindon, Página Web "Sobre", < media.co.uk/about> (Acedido em 17.01.2014)

Numa entrevista com Ross Mackenzie, o diretor da Firebird Films explicou a relação com a RenderMedia e como é benéfico para ambas as empresas sobrepor as suas competências em CGI e cinema:

Estamos a contratar os serviços uns dos outros, por isso, naturalmente, estamos a combinar. Partilhamos um espaço de escritório juntos porque vemos o valor de oferecermos serviços completamente diferentes. Contratamo-nos mutuamente como subcontratantes, porque isso só vai ajudar as nossas empresas a crescer.[31]

Em termos da vertente financeira da animação em pequena escala, é aqui que as duas empresas têm estratégias diferentes. O fluxo de trabalho 3-D é muito mais localizado e apresenta caraterísticas que diferem do stop motion e do filme.

A Firebird Films utiliza muitos contratantes na sua área para prazos curtos, ao passo que para a Rendermedia compensa investir em pessoal, uma vez que, por vezes, temos projectos que podem durar semanas ou meses e a utilização de um contratante seria demasiado dispendiosa[32]

Se compararmos estas duas entidades, é evidente que os dois estilos podem complementar-se mutuamente, sem raramente entrarem em conflito. As pequenas estratégias são concebidas para melhorar a sua empresa e são exemplos inspiradores de colaboração e determinação no domínio da animação e do cinema.

Considerações culturais

O papel da animação na sociedade pode ser muito influente quando utilizado para uma causa positiva. Um exemplo disto é o trilho GromitUnleashed[11] que angaria dinheiro para o Wallace & Gromit's Grand Appeal', a instituição de caridade do Hospital Pediátrico de Bristol. Algumas encomendas celebraram referências de animação da Pixar (Figura 23), Simon's Cat (Figura 24) e até da própria Aardman (Figura 22). Esta iniciativa contribuiu grandemente para a área local, com uma injeção de 77 milhões de libras na economia de Bristol[33] . Mais importante ainda, as figuras foram vendidas em

31 Ross Mackenzie, Diretor da empresa Firebird Films, 53 Victoria Road, Old Town, Swindon SNl 3AY, Entrevistado a 4 de janeiro de 2014
32 Mark Miles, Diretor do estúdio Rendermedia, 53 Victoria Road, Old Town, Swindon SNl 3AY, Entrevistado em 21.01.2014
33 Sítio Web Gromit Unleashed, < gromitunleashed.org.uk/> (Acedido em 20.01.2014)

leilão e angariaram mais de 2,3 milhões de libras para o Grand Appeal, tendo a mais vendida sido Gromit Lightyear' da Pixar, por 65 000 libras.[34]

Numa visita a esta exposição, em julho de 2013,1 senti a reação positiva à personagem animada. Com apenas algumas avarias, o projeto GromitUnleashed deu a conhecer a animação em stop motion, Wallace e Gromit e, mais importante ainda, angariou dinheiro para o Grand Appeal'. Além disso, aumentou o número de visitantes de Bristol em 76%, o que confirmou que este projeto foi um grande sucesso para Bristol.[35]

Figura 19 - Gromit Unleashed Aardman Design 'Stat's', visita ao local em Bristol, julho de 2013

34 Gromit UnleashedAuction Results, < .gromitunleashed.org.uk/auction/> (Acedido em 20.01.2014)

35 Gromit Unleashed Evaluation Report PDF, < .gromitunleashed.org.uk/Assets/documents/Gromit-Unleashed-Evaluation-Report.pdf> (Acedido em 20.01.2014)

Figura 20 - Gromit Unleashed PixarDesign 'Gromit Lightyear', visita ao local em Bristol, julho de 2013

Figura 21 - Gromit Unleashed Simon's Cat Design 'Doodles', visita ao local em Bristol, julho de 2013

Publicidade Mix Media

Recentemente, os animadores estão a considerar uma vasta gama de métodos para escolher para um projeto. Se o filme for baseado em lã, por exemplo, pode ser mais fácil para a produção utilizar uma animação de lã em stop motion em vez de optar por renderizações em 3D. Para os pequenos filmes e para a vertente comercial da animação, a margem de manobra para estilos criativos pode ser ampla devido a um financiamento otimista. O orçamento de um cliente, ou de uma agência de publicidade, pode ser muito semelhante para um anúncio em 3D em comparação com um anúncio em stop frame.

A ideia de que "o 2D está morto" era um truque de marketing para promover uma série de filmes banais da Disney animados em CG.[36]

Os principais estúdios de animação em Londres estão sempre a mudar o processo que utilizam para se adaptarem ao briefing, criando visuais cada vez mais impressionantes. Curtas-metragens empresariais, como a recente animação publicitária do sítio Web da Transport for London[37] ; demonstram que o stop motion pode ser complementado com recursos 3-D, resultando numa animação poderosa. (Figura 22 e Figura 23). Dos doze vídeos carregados mais recentemente na conta YouTube da Transport for London[38] , metade indicava uma caraterística de animação com ilustração, 2-D ou 3-D (20th Jan 2014), o que sugere que a Transport for London apoia a utilização de filmes de animação criativos, tal como os anúncios de ação ao vivo.

Durante a visita à Tandem Films, disseram que não é a técnica que controla a animação, mas sim a narrativa e a história por detrás dela. Explicaram que cada técnica é uma opção viável e que é escolhida a mais eficaz para o projeto.[39]

36 Revista Digital Arts Online, Tendências de Animação 2012, < ://www.digitalartsonline.co.uk/features/motion-graphics/animation-trends-2012-interest-in-hand- rafted-animation-grows/> (Acedido em 27.12.2013)

37 Sítio Web da Tandem Films, "Start Your Own Journey" Transport for London Advertisement, < .tandemfilms.com/tfl-website-launch-chris-gavin-tobias-fouracre/> (Acedido em 15.12.2013)

38 Canal YouTube da Transport for London, <.youtube.com/user/TransportforLondon/videos_> (Acedido em 20.01.2014)

39 Entrevista e visita ao local na Tandem Films, 26 Cross Street, Londres, Nl 2BG, visitada a 18 de novembro de 2013

Figura 22 - Primeiro fotograma, anúncio da nova campanha da Transport for London. Tandem Films, junho de 2013

Figura 23 - Segundo fotograma, anúncio da nova campanha da Transport for London. Tandem Films, junho de 2013

Do mesmo modo, o Studio AKA lançou um anúncio animado para a TSB no final de 2013 (Figura 24). À primeira vista, este filme parece ser tradicionalmente desenhado à mão, o que inspira as qualidades clássicas da animação artesanal mais antiga. No entanto, com uma inspeção mais atenta, explica-se que o Studio AKA utilizou uma relação com a animação de personagens em 2-D, sem falhas, num ambiente em 3-D. Os edifícios em 3-D e a física da água[40] funcionaram bem com as personagens

40 *Studio AKA, sítio web de Londres,* **'The making of TSB: The Story'** *Studio AKA Video,* <. Studioaka. co .uk/OurWork/tsbthestory> *(Acedido em 17.01.2014)*

desenhadas em 2-D. Os princípios sentimentais deste filme foram intencionais, contribuindo para o sentido de património da TSB.

O filme evoca deliberadamente o anseio nostálgico de uma era dourada... o banco e os valores que o inspiraram tinham de ser mostrados para sobreviverem à tempestade e serem actuais".[41]

Figura 24 - Anúncio de animação "TSB: The Story", Studio AKA, Londres, setembro de 2013

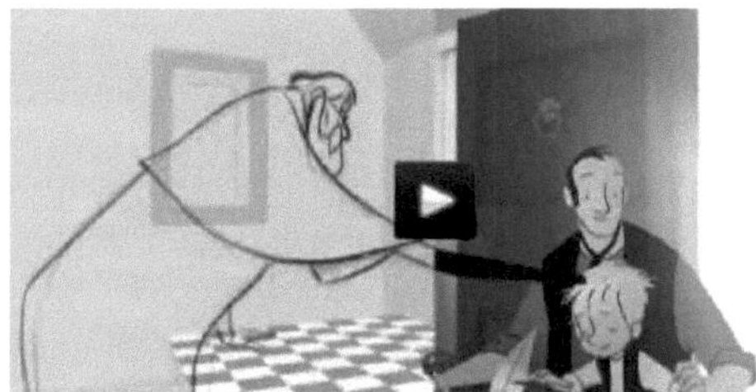

Figura 25 - Uma imagem da produção "Behind the Scenes" de "TSB: The Story" mostrando a mistura 3-D e 2-D, Studio AKA, setembro de 2013 John Lewis: O Urso e a Lebre

Em novembro de 2013, a Blink Ink lançou um pequeno anúncio de Natal de dois minutos da John Lewis, intitulado "The Bear & The Hare". Este tornou-se num dos anúncios mais célebres da cultura recente, com 12.144.835 visualizações[42] (21st Jan 2014). Este anúncio incluía uma vasta gama de técnicas de animação, animais

41 *Studio AKA's TSB: The Story Review by D&AD, < √www.dandad.org/inspiration/features-and- inion/tsb-the-story-drawing-nostalgia> (Acedido em 17.01.2014).*
42 Anúncio de Natal da John Lewis 2013 - O Urso e a Lebre, <
> (Acedido em 21.01.2014)

animados 2-D desenhados à mão, personagens cortadas a laser em pranchas e colocadas num cenário 3-D feito à mão utilizando animação de substituição. A sequência foi complementada com movimentos de câmara controlados por Dragonframe.[43]

Figura 26 - Fotografia fixa do anúncio de Natal da John Lewis de 2013, The Bear & The Hare, Blink Ink, 2013

Figura 27 - "Making of John Lewis Christmas Advertisement", 2013

O anúncio foi partilhado globalmente e o interesse continuou a aumentar desde o início de novembro até depois do Natal. Craig Inglis, Diretor de Marketing da John Lewis:

Foi o vídeo mais partilhado do mundo no dia do lançamento e foi tendência mundial no Twitter uma hora após o seu lançamento online... O anúncio foi concebido para

43 Vimeo, Blink Channel, 'John Lewis 'The Bear & The Hare1 - The Making OfVideo, <meo.com/78254514> (Acedido em 02.12.2014)

nos recordar os clássicos da infância[44]

A John Lewis registou receitas de 101,45 milhões de libras, o que representa um aumento de mais de 10% em relação a 2012. [45] As receitas elevadas foram também uma vantagem para Lily Allen, que gravou uma cover de "Somewhere Only We Know" dos Keane para o anúncio. Foi noticiado que a canção atingiu o primeiro lugar nas tabelas do iTunes.[46]

A campanha incluía também elementos transversais, com peluches, embrulhos para presentes e visitas a locais onde era possível tirar fotografias de O Urso e a Lebre na vida real.[47]

Figura 28 - Ecrã interativo da John Lewis "Cave" High Wycombe, novembro de 2013

Figura 29 - Oportunidade fotográfica "Cave" interactiva da John Lewis, High Wycombe, novembro de 2013

Apesar do sucesso, houve quem questionasse o anúncio pela sua narrativa e contexto. Quando analisado, o anúncio não vende, de facto, qualquer artigo da gama John Lewis, e até Lord Sugar publicou um post no Twitter sobre o anúncio.

Quando digo que o anúncio da John Lewis foi a melhor coisa do X-Fator, quero dizer mais divertido. Mas não fazem a mínima ideia do que estão a tentar vender.[48]

44 Templeton, S. "Animal Magic, Inglis", *The Gazette John Lewis In-House Journal,* Edição n.º 42, Vol. 95, 6-9, p.6
45 Prynn, J. Neville, S. "£101m record takings at John Lewis thanks to Christmas advert", *Evening Standard*, Lebedev Holdings, Londres, 22 de novembro de 2013, p. 9
46 Templeton, S. 'Animal Magic, iTunes', *The Gazette John Lewis In-House Journal,* Edição n.º 42, Vol. 95, 6-9, p.7
47 Loja John Lewis, High Wycombe, visitada a 16 de novembro de 2013
48 *Twitter,* ord Sugar. < *itter.com/Lord_Sugar/status/399280786341654528*> *(Acedido em 10.12.2014)*

Outra crítica prende-se com o facto de o estilo não ser tão novo como a Blink Ink pretende apresentar. Um estilo de animação semelhante foi desenvolvido por Daniel Greaves com "Flatworld" em 1997. A curta-metragem de 30 minutos utilizou animação tradicional desenhada à mão, recortada e montada verticalmente num modelo 3D de uma cidade feito em papel.

Figura 30 - Flatworld, animação 3-D com desenho tradicional, Daniel Greaves, 1997

Apesar das semelhanças, a John Lewis lançou um anúncio de Natal muito popular que induzia memórias de infância e incorporava muitos estilos de animação feitos à mão. John Lewis é uma demonstração de como a nostalgia e a reminiscência apoiaram diretamente uma resposta esmagadora do público a uma peça de animação, a maior parte da qual foi feita à mão.

Este capítulo sobre os movimentos actuais mostrou os movimentos de animação mais notáveis da atualidade. A análise dos exemplos da indústria deu uma ideia de como as colaborações funcionam em grande escala. Também foi dada a conhecer a cultura subjacente aos projectos de crowd sourcing, uma vez que a angariação de fundos pode ser altamente benéfica para as novas curtas-metragens de animação. Podemos deduzir deste capítulo que existe uma tendência atual para ultrapassar os limites dos estilos de animação e experimentar combinações em curtas-metragens e anúncios publicitários.

Capítulo 3 O dinheiro é importante em 2014

Este capítulo tem como objetivo analisar o custo crescente dos processos de animação, que poderá ter um impacto negativo nas futuras gerações de animadores. Ao analisar o dinheiro envolvido nestes processos, muito se pode aprender com os próprios jovens talentos, que se tornam mais eficazes na procura de saídas para o seu trabalho. Este capítulo tem também como objetivo analisar a forma como o governo pode contribuir para as condições financeiras relativas ao ensino e à tecnologia da animação. Este capítulo termina com uma análise da forma como uma grande cadeia de supermercados poderia mudar radicalmente a produção de animação stop frame.

Redução da taxa de animação

Em primeiro lugar, analisaremos o imposto sobre as sociedades aplicável à indústria criativa, bem como os desenvolvimentos recentes que podem ajudar ou dificultar a sua progressão. O "Creative Industry Tax Relief[49] " pode permitir que as empresas elegíveis recebam um montante mais elevado de despesas aceitáveis relacionadas com a atividade. O imposto sobre o rendimento das pessoas colectivas pode ser a base dos projectos que podem obter luz verde para os estúdios. A redução fiscal para a indústria criativa destina-se principalmente ao cinema e à animação, estando o desenvolvimento de jogos de vídeo a aguardar aprovação. Estas entidades só têm direito a este desagravamento se estiverem reunidas determinadas condições, como a intenção de lançar um filme nos cinemas ou na televisão, ou se passarem o teste cultural para validar que se trata de uma produção baseada no Reino Unido. A isenção fiscal para filmes entrou em vigor pela primeira vez em abril de 2007 e, mais recentemente, na cultura atual, a isenção fiscal para a animação e a isenção fiscal para a televisão de alta qualidade, ambas em abril de 2013.[50] A isenção fiscal para filmes tem sido recebida de forma mais notória em filmes recentes como "Gravidade" e "12 Anos Escravo". Após as nomeações para os prémios Bafta, surgiu a dúvida se estes filmes seriam

49 HM Revenue & Customs: Creative Industry Tax Relief, < http://www.hmrc.gov.uk/ct/forms- rates/claims/creative-industries.htm#4> (Acedido em 14.07.2013)
50 HM Revenue & Customs: Film and Animation Tax Relief, < http://www.hmrc.gov.uk/ct/forms- rates/claims/creative-industries.htm#4> (Acedido em 14.07.2013)

efetivamente britânicos:

Se tiver um filme britânico validado pelo British Film Institute, tem acesso à isenção fiscal para filmes do Reino Unido ao abrigo da Secção 15 da Lei do Imposto sobre as Sociedades de 2009. Pode parecer muito menos sexy do que um Óscar, mas o seu impacto na produção cinematográfica é muito mais tangível [51]

A isenção fiscal britânica para filmes foi novamente utilizada de forma eficaz com o Episódio VII da Guerra das Estrelas a ser filmado no Reino Unido.

2O acordo para que o novo filme da Guerra das Estrelas fosse rodado na Grã-Bretanha foi conseguido depois de o governo britânico ter oferecido benefícios fiscais lucrativos a realizadores de alta qualidade. [52]

Uma vez que o desagravamento fiscal britânico para filmes está a ser bem utilizado e a ser tão benéfico para os estúdios cinematográficos de todo o mundo, é legítimo afirmar que a utilização equivalente do desagravamento fiscal para a animação poderia seguir-se. É certo que se passou menos de um ano desde a sua introdução, mas a redução fiscal para a animação partilha as mesmas políticas do cinema: "pelo menos 25% do total dos custos de produção relacionados com actividades no Reino Unido merecem ser reduzidos. [53]

Jovens talentos emergentes

As perspectivas para os animadores recém-licenciados e recém-formados na indústria britânica podem injetar novas ideias e, eventualmente, iniciar novas tendências. Os métodos artesanais são os mais populares entre os jovens animadores, uma vez que os recursos estão facilmente disponíveis. O stop motion, em particular, pode ser impulsionado e premiado pelo talento envolvido na realização de uma curta-metragem. Will Anderson é um jovem animador que progrediu nesta via; ganhou um BAFTA com

51 Roddick, N. "How British are Oscar contenders Gravity and 12 Years a Slave?", *Evening Standard,* Lebedev Holdings, Londres, 17 de janeiro de 2014

52 Chapman, J. 'EXCLUSIVO: A Força está com o Reino Unido;...'*Mail Online, IOiMaio 2014, <ttp://www.dailymail.co.uk/news/article-2322676/New-Star-Wars-Episode-7-movie-UK-George-Osborne-used-ax-breaks-lure-Disney.html_>_ (*Acedido em 21.01.2014)

53 HM Revenue & Customs: Requisitos do Imposto de Animação, <http://www.hmrc.gov.uk/ct/forms-rates/claims/creative-industries.htm⅛4≥ (Acedido em 21.01.2014)

o seu filme de licenciatura intitulado "The Making of Longbird .'

O filme que ganhou o BAFTA foi o meu filme de fim de curso: !passei um ano a trabalhar nele. ! queria que parecesse que uma parte do filme tinha sido feita há mais de cem anos. O filme era uma verdadeira mistura entre a realização de um filme de animação tradicional e de um filme digital.'[54]

Figura 31 - Will Anderson, "The Making of Longbird", Front Still, 2011

Anderson é um exemplo raro de como um filme de animação graduado, feito à mão e digitalmente, pode ser nomeado e ganhar dois BAFTAS e, posteriormente, dez outros prémios. Anderson serve de incentivo para que estes prémios possam ser alcançados, mesmo nesta geração digital. Por outro lado, a perspetiva de que uma licenciatura em artes relativas pode ser usada para levar um animador a um emprego gratificante é uma opinião partilhada desnecessária. A Firebird Films expressa a sua opinião sobre a contratação puramente baseada no talento e não necessariamente na sua formação superior.

Para mim, não importa se alguém tem um diploma ou não. O que me interessa é a sua personalidade, se tem talento e a sua ambição de trabalhar na indústria. '[55]

Um método ideal para atrair não só a atenção dos animadores, mas também de potenciais empregadores, é manter e desenvolver concursos e festivais de animação.

54 'HuHa2! Canal YouTube, 'Future Heroes | Heroes of Animation', < ://www.youtube.com/watch?v=k- InlAgRY> (Acedido em 02.12.2013)
55 Entrevista com Ross Mackenzie, Diretor da empresa Firebird Films, 53 Victoria Road, Old Town, Swindon SN1 3AY, Entrevistado a 4 de janeiro de 2014

"Encounters" é um festival de curtas-metragens e animação realizado em Bristol, uma das mais conhecidas montras e pontos de encontro de talentos emergentes[56] . O festival oferece uma oportunidade para os novos criativos melhorarem as suas ideias e parcerias e apresenta os próximos métodos de tendência nas curtas-metragens. Como este festival está aberto a participantes de todo o mundo, o custo de inscrição de um filme é de 25 euros.

Figura 32 - Peça promocional do Festival Encontros, 2013

Os festivais de cinema e de animação incentivam os jovens talentos a produzir curtas-metragens. Os participantes podem apresentar um filme todos os anos ou ser nomeados, mas o entusiasmo por qualquer projeto de curta-metragem, desde a ação ao vivo até ao stop motion, é reconhecido pelos profissionais e pelo público para, eventualmente, ganhar um prémio.

Ensino especializado

Para complementar as competências de estúdio ou um curso académico, foram criados vários cursos de curta duração para permitir uma experiência de aprendizagem mais rápida e adequada ao candidato. O avanço das indústrias modernas conduziu a mudanças no ensino e abriu novas vias curriculares para os estudantes. Os indivíduos criativos estão agora sob pressão para aprenderem vários nichos de mercado para se destacarem da concorrência. Um exemplo disto é o Festival Encounters em Bristol,

56 Sítio dos Encontros, < http://www.encounters-festival.org.uk/#/submit-films.html> (Acedido em 22.01.2014)

onde o seu curso "Producing Animation" está agora a receber candidaturas para a segunda parte da formação de desenvolvimento de especialistas em Londres, de 56 de março a[th] 2014.

Centrar-se-á em áreas-chave de desenvolvimento, produção e nas recentes alterações das oportunidades fiscais, com ênfase na exploração de incentivos financeiros. Incluirá seminários, estudos de casos e debates com os principais especialistas do sector.[57]

Apesar de este curso ser apenas de dois dias, mostra que há bastante empenho em complementar o ensino regular e as competências de estúdio com orientação profissional em animação.

Do mesmo modo, a Aardman Animations associou-se à National Film and Television School (NFTS) para lançar o seu novo curso de três meses "Certificate in Character Animation" (Certificado em animação de personagens), com início em setembro de 2013. O novo curso permitiu ao estudante desenvolver as competências essenciais necessárias para ser um animador especializado em Stop-frame ou CG.[58]

Figura 33 - Quadro **do título do curso de animação de personagens da Aardman e do NFTS**, 2013

Com a Aardman a projetar um curso de curta duração especificamente para a animação

57 Encontros Festival de Curtas-Metragens e Animação, Curso de Produção de Animação, <7/www.encountersfestival.org.uk/archive2.html?wp_month=12&wp_year=2013&wp_day=false&wp_stat=0^ *(Accessed 28.12.2013)*

58 Sítio Web da NFTS Film-TV, < V/nftsfilm-tv.ac.uk/our-courses/certificate/character-animation^Acessado em 22.01.2014)

de personagens, isto demonstra uma certa necessidade dessas competências no mercado. Aparentemente, a Aardman estaria potencialmente a ensinar os seus futuros concorrentes, mas, tal como se provou com a FirebirdFilms e a Rendermedia, poderia haver parcerias. O curso lançou uma mostra de trabalhos dos alunos (Figuras 41 e 42), que combinam animação em stop motion e animação 3D CGI.

Figura 34 - Animação de personagens da Aardman, Stop Motion, 2013

Figura 35 - Animação de personagens da Aardman, 3-D, 2013

Infelizmente, apesar do grande interesse no curso, que tinha um grande potencial futuro para animadores profissionais, foi interrompido pela Aardman. Este facto demonstra a natureza imprevisível da futura indústria da animação no que diz respeito ao stop motion. A Aardman respondeu às perguntas telefónicas com:

De momento, não há planos para realizar um segundo curso... mas estamos a analisar o estado de espírito da indústria e, se realizarmos outro curso, é provável que seja entre setembro e novembro deste ano.[59]

Impressão 3D do futuro

A introdução das impressoras 3-D no mercado industrial e público atingiu em cheio a rede de criação. Na última década, a atenção centrou-se no desenvolvimento de cerâmica impressa, metal, plásticos e outros materiais extraordinários, como alimentos.

59 Paula Newport, Head ofHR, Aardman Animations, Gas Ferry Road, Bristol, BSl 6UN, (Entrevistada em 21.01.2014)

A impressão 3-D foi inventada em 1976, mas as máquinas de impressão comerciais que produziam protótipos de plástico só chegaram ao mercado em meados da década de 1990.[60]

O estúdio de animação LAIKA está demasiado familiarizado com peças impressas em 3D para animação, como demonstraram com[i] Paranorman[5] com mandíbulas de stop motion em 3D. Este processo funcionou tão eficazmente que a LAIKA está a trabalhar noutra longa-metragem em stop-frame a ser lançada em 2014, intitulada iβoxtrolls' . (Ver abaixo).

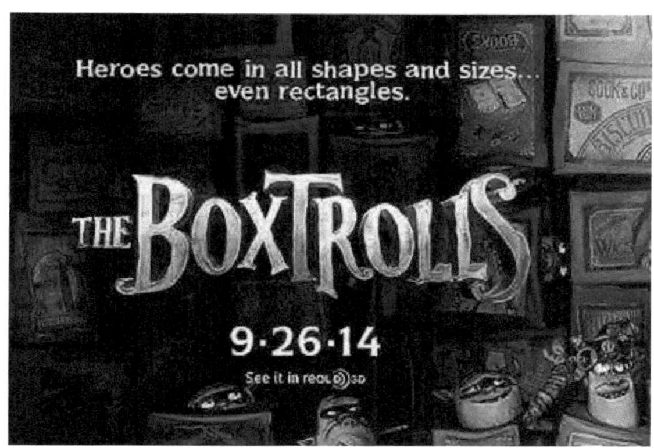

Figura 36 - Cartaz teatral de "Os Boxtrolls", 2014

Os produtos representativos do salto para o mercado dos consumíveis seriam a[1] 3Doodler' (pré-encomenda de 99 dólares a 22 de[nd] de janeiro de 2014)[61] e o 'Cel Robox' (799 libras a 22 de[nd] de janeiro de 2014)[62] . A 3Doodler segue o conceito de uma pistola de cola quente:

Os bastões de plástico são alimentados como uma pistola de cola e extrudidos a 200º c no ar, onde arrefecem e solidificam imediatamente, permitindo "desenhar" estruturas 3D.[63]

60 Sítio Web Vimeo, *SDprinlingIn Ceramic,* Firebird Films AHRC Video, imeo.com/44729749_(Acedido em 03.04.2013)
61 Website de pré-encomenda da 3Doodler, < http://www.the3doodler.com/store/#preorder- 3doodler> (Acedido em 22.01.2014)
62 Sítio Web de impressão 3D Robox Price, < .cel- uk.com/robox.html> (Acedido em 22.01.2014)
63 Charara, S. 'Plastic Makes Perfect', *Stuff Gadget Magazine',* fevereiro de 2014, p.65

A impressora 3-D, Cel Robox, utiliza uma técnica semelhante:

O Robox funciona de forma semelhante a uma pistola de cola quente, depositando o material principal camada a camada para construir a estrutura.[64]

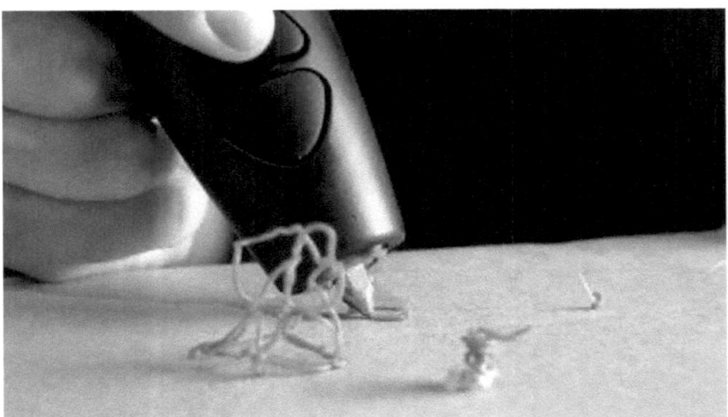

Figura 37 - 3Doodler, 2013 Figura 38 - Cel Robox, 2013

Foi demonstrado que as pessoas podem ser digitalizadas e transformadas em réplicas mais pequenas de si próprias em 3D.

De facto, foi tão fácil que os visitantes do Museu da Ciência puderam digitalizar-se a si próprios e ser colocados numa parede da exposição "3D: Imprimir o Futuro" no Museu da Ciência.[65]

64 Parsons, J. iThe People's 3D Printer', *T3 Gadget Magazine*, Edição 225, fevereiro de 2014, p.16
65 Science Museum, Exhibition Road em South Kensington, Londres, SW7 2DD, visitado em 12 de janeiro de 2014

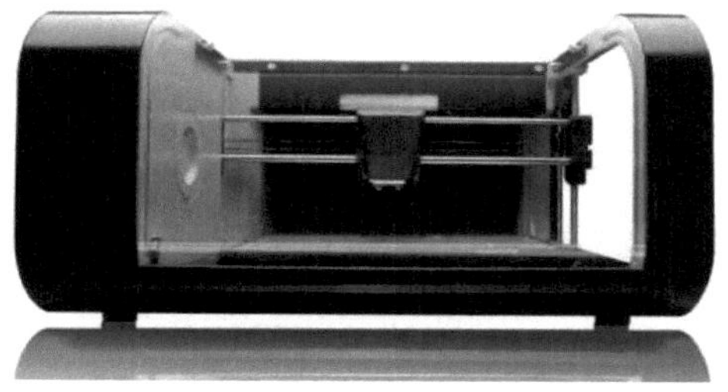

Figura 39 - Museu da Ciência, visitantes digitalizados em modelos 3D, 2014

A grande velocidade de desenvolvimento da digitalização e da impressão rápida em 3D está a sair das raízes puramente científicas e de investigação. Seguindo esta acessibilidade, a cadeia gigante de supermercados ASDA está recentemente a lançar um serviço que permite aos clientes serem digitalizados e impressos em 3D a cores. Este salto de avanço tecnológico, tão pouco tempo depois do anúncio de impressoras 3D de preço mais baixo, é o território dos estúdios de cinema de topo.

A forma é recriada ***em 3D através da pulverização de fluido cerâmico em camadas finas para construir um objeto*** *sólido* ***na nossa loja de York a partir de terça-feira (15 de outubro) e os preços começam em apenas*** *60 libras.*[66]

Figura 40 - Impressão 3D de gráficos promocionais na loja ASDA, York, 2014

As implicações deste serviço notável irão mudar drasticamente a forma como as pessoas interpretam as impressoras 3D. Para além deste serviço de baixo custo, este poderá ter vastas aplicações, desde figuras animadas para stop motion, filmes de ação ao vivo, as possibilidades são infinitas. Desde a invenção das impressoras 3D em 1976,

66 Impressão 3D no sítio Web da ASDA, <://your.asda.com/news-and-blogs/create-detailed- miniature-versions- f-you-and-your-family-with-3d- printing-at-asda,>, (Acedido em 22.01.2014)

ninguém poderia prever que em 2014 veríamos réplicas nossas em 3D a preço de ASDA.

A partir deste capítulo final, podemos estabelecer um argumento justo sobre a viabilidade dos métodos artesanais de produção de animação. Este capítulo abordou a importância do recém-instituído desagravamento fiscal da animação para as futuras longas-metragens, uma vez que os estúdios poderão oferecer projectos maiores. Agora que os mercados de curtas-metragens estão a mudar, o mesmo acontece com a abordagem à exibição de futuros trabalhos nos festivais. Estão a ser feitas considerações sobre potenciais futuros esquemas de ensino, que educariam os jovens designers em todas as formas de animação a um nível profissional. Além disso, aprendemos que os animadores devem ser capazes de crescer não só com as novas técnicas artesanais, mas também com o rápido avanço das novas tecnologias. Atualmente, há uma revolução artesanal com a tecnologia, onde os processos tradicionais podem ser totalmente complementados com a impressão 3D e para onde se dirige o futuro da prototipagem rápida.

Conclusão

O objetivo deste estudo era descobrir se os métodos artesanais de produção de animação são viáveis agora e no futuro. Em observação, parece que as abordagens tradicionais à animação ainda são altamente consideradas e respeitadas no âmbito de novas parcerias que combinam competências digitais e artesanais. Ao analisar a ordem cronológica dos destaques da animação artesanal, obteve-se o melhor método para prever as tendências futuras. O resultado é que as curtas-metragens de animação e os anúncios publicitários estão a tornar-se um terreno ideal para a animação contemporânea de meios mistos. Há provas consideráveis de que, com as inovações técnicas e artesanais, uma única técnica tradicional no mercado atual não teria tanto êxito como a mistura de métodos.

No capítulo um, forneceu uma compreensão crítica de algumas das principais técnicas de animação, como a animação tradicional desenhada à mão, stop-frame, CGI 3-D, Flash, meios mistos e também estabeleceu que os artigos "feitos à mão" podem ser um estratagema descritivo para vender artigos ao público.

O segundo capítulo continha vários métodos para aumentar as competências, as finanças e o crescimento da empresa. Mostrou como as personagens da animação podem ter um efeito positivo na cultura popular através da angariação de fundos. Além disso, centrou-se num estudo de caso que lançou uma animação substancial de meios mistos.

No terceiro capítulo, depois de analisar a forma como todas as diferentes técnicas de animação podem ser produzidas e combinadas, foi explicado como é que isso se traduziria no futuro. Descreveu-se como os jovens talentos dos festivais de cinema de animação podem ter um enorme sucesso. Por último, é demonstrado o enorme potencial que as novas tecnologias, como a impressão 3D, podem ter na animação

Concluí que há fortes indícios que sugerem que parcerias inteligentes estão a juntar técnicas de animação. Como o stop frame e o desenho à mão, para benefício da geração moderna. Os filmes criativos para empresas, as curtas-metragens regulares e os anúncios publicitários animados têm vindo a aumentar constantemente; a minha previsão é que, com todos os indícios, estas três categorias irão registar um aumento de popularidade e uma redução de custos. Isto deve-se ao facto de a animação feita à mão ter sido afastada em prol do design 3D; os clientes estão a escolher um filme feito à mão para se destacarem dos seus concorrentes.

O avanço da impressão 3D terá um impacto considerável na engenharia da animação em stop motion. Isto começaria em pequena escala com anúncios publicitários, introduzindo modelos impressos semelhantes aos clientes 3D da ASDA. Posteriormente, o custo da tecnologia de impressão reduzir-se-á com o tempo, e prevejo que, com todo o conhecimento adquirido com esta dissertação, posso prever que serão impressas marionetas de stop motion semelhantes à vida.

Além disso, haverá uma forte probabilidade de ação animada a 12 fotogramas por segundo de modelos impressos em 3D em miniatura. Com a adição da isenção fiscal para a animação no Reino Unido, a explosão de jovens animadores encorajará a experimentação e a expressão de novas tecnologias com métodos tradicionais. Prevejo que estes sejam muito viáveis e orientados para curtas-metragens e anúncios animados de meios mistos.

Conta das fontes

Livros:

Frayling, C. *On Craftmanship: Towards a new Bauhaus, Replika Press Pvt Ltd, Índia, 2011, p.61 (On Crafted)*

Frayling, C. *On Craftmanship: Towards a new Bauhaus, Replika Press Pvt Ltd, Índia, 2011, p.61 (sobre a nostalgia)*

Heller, S. *The Education of a Graphic Designer,* Allworth Press, Nova Iorque, 1998, p.109

Metcalf, B. *'Craft and art, culture and biology',* in Dormer, P. *'The Culture of Craft: Status and Future*

(Studies in Design), Manchester University Press, Manchester, 1997*'p.79*

Taylor, R. *The Encyclopedia of Animation Techniques,* Running Press Book Publishers, Pennsylvania, 1999, p.66

Williams, R, *The Animator's Survival Kit*, edição revista, Faber and Faber, Londres, 2009, p. 109

Withrow, S. *Secrets of Digital Animation: A Master Class in Innovative Tools and Techniques*, Rotovision, Hove, 2009 (pp.64 - 65)

Withrow, S. *Secrets of Digital Animation: A Master Class in Innovative Tools and Techniques*, Rotovision, Hove, 2009 (P.48)

Jornais, revistas e periódicos (impressos e em linha):

Sítios Web:

HM Revenue & Customs: Creative Industry Tax Relief, < http://www.hmrc.gov.uk/ct/forms-rates/claims/creative- industries.htm⅝4≥ (Acedido em 14.07.2013)

HM Revenue & Customs: Film and Animation Tax Relief, < http://www.hmrc.gov.uk/ct/forms-rates/claims/creative- industries.htm⅝4≥ (Acedido em 14.07.2013)

Definição de 'Animação' do Dictionary.com, <://dictionary.reference.com/browse/animatio^ (Acedido em 10 de outubro de 2013)

CNN Money, Disney Buys Pixar < ://money.cnn.com/2006/01/24/news/companies/disney_pixar_deal^ (Acedido em 23rd novembro de 2013)

Calendário de Natal 2013 da AardmanFilm < ttp://www.wallaceandgromit.com/forum/read/52503/^ (Acedido em 22.12.2013)

Cars 2, Box Office Figures <ttp://www.boxofficemojo.com/search/?q=cars %202&sort=opengross&showpag =^p=.htm≥ (Acedido em 22.12.2013)

IMDB, List of Traditionally Animated Disney Films (Acedido em 22.12.2013) <://www.imdb.com/list/5oK6WPAWIP4^

Winnie the Pooh, números de bilheteira <√www.boxofficemojo.com⁄search⁄7q=winnie%20the%20pooh≥

(acedido em 22.12.2013)

Toy Story, números de bilheteira <ttp√www.boxofficemojo.com⁄search⁄? q=toy%20story≥ (Acedido em 23.12.2013).

Universidade Monstros - números de bilheteira

<√www.boxofficemojo.com⁄search⁄Jq=monster%20university≥ (Acedido em 23.12.2013)

Story 3, filme de animação com maior bilheteira <√www.telegraph.co.uk⁄culture⁄film⁄film- ews⁄7945746⁄Toy-Story-3- highest-grossing-animated-film.html≥ (Acedido em 26.12.2013)

Despicable Me 2 Box Office Figures <ttp√www.boxofficemojo.com⁄searchΛq=despicable%20me%202≥ (Acedido em 24.12.2013)

Canal do Youtube do Gato do Simon, < √www.youtube.com⁄user⁄simonscat⁄videos≥

(Acedido em 27.12.2013).

Festival de Curtas-Metragens e Animação Encontros, Curso de Produção de Animação,

< √www.encountersfe stival .org.uk⁄archive2 .html?

wp_month=12&wp_year=2013&w day false&wp start 0_ (Acedido em 28.12.2013)

O sítio Web da Dragonframe, < //www.dragonframe.com/about.php≥ (Acedido em 15th Jan 2014)

Kickstarter, "O que é o Kickstarter?", <√www.kickstarter.com⁄hello? ref=nav≥ (Acedido em 15.01.2014)

Morph, Kickstarter Pledge Page, <ttp√www.kickstarter.com⁄projects⁄1961548517⁄all-ew-adventures- of-morph-from-aardman-animation. ≥ (acedido em 16.01.2014).

Morph, Kickstarter Pledge Page, <ttp√www.kickstarter.com⁄projects⁄1961548517⁄all-ew-adventures- of-morph-from-aardman-animation. ≥ (acedido em 16.01.2014).

Mr Plastimime Tandem Films Kickstarter Pledge Page, <√www.kickstarter.com⁄projects⁄tandemfilms⁄daniel-greaves-mr- plastimime-a-laymation-short-fi≥ (Acedido em 16.01.2014).

Revisão de TSB: The Story do Studio AKA pelo D&AD, <

√www.dandad.org⁄inspiration⁄features-and-opinion⁄tsb-the- story-drawing- ostalgia≥ (Acedido em 17.01.2014)

Rendermedia, Swindon, página Web "Sobre", < √www.rendermedia.co.uk⁄about≥ (Acedido em 17.01.2014)

FirebirdFilms Ltd, Swindon, Website, < 7⁄www.firebird-films.co.uk⁄≥ (Acedido em 17.01.2014)

Sítio Web GromitUnleashed, < 7⁄www.gromitunleashed.org.uk⁄≥ (Acedido em 20.01.2014)

Resultados do Leilão Gromit Unleashed, < √www.gromitunleashed.org.uk⁄auction⁄≥ (Acedido em 20.01.2014).

HM Revenue & Customs: Requisitos do Imposto de Animação, <http 7⁄www.hmrc .gov.uk⁄ct⁄ forms-rate s⁄claims⁄creative-industries.htm⅝4≥ (Acedido em 21.01.2014).

Twitter, Lord Sugar, < ttps√⁄twitter.com⁄Lord-Sugar⁄status⁄399280786341654528≥ (Acedido em 22.01.2014)

Encounters Website, < http 7⁄www.encounters-fe stivai .org.uk⅝⁄submit-films.html≥ (Acedido em 22.01.2014).

Sítio Web da NFTS Film-TV, < 7⁄nftsfilm-tv.ac.uk⁄our- courses⁄certificate⁄character-nimation≥ (Acedido em 22.01.2014).

Sítio Web de pré-encomenda da 3Doodler, < http7⁄www.the3 doodler.com⁄ store⁄/⁄preorder- 3doodler≥ (Acedido em 22.01.2014)

Robox Preço do sítio Web de impressão 3D, < √⁄robox.cel-uk.com⁄robox.html≥ (Acedido em 22.01.2014)

Impressão 3D no sítio Web da ASDA, < √⁄your.asda.com⁄news-and- blogs⁄create-detailed- iniature-versions-of-you-and-your-family-with- 3d-printing-at-asda_>, (Acedido em 22.01.2014)

Entrevistas:

Entrevista e visita ao local na Tandem Films, 26 Cross Street, Londres, N1 2BG, visitada em 18th novembro de 2013

Ross Mackenzie, Diretor da empresa Firebird Films, 53 Victoria Road, Old Town, Swindon SN1 3AY, Entrevistado em 04th janeiro de 2014

Mark Miles, RendermediaStudioDirector, 53 VictoriaRoad, Old Town, Swindon SN1 3AY, Entrevistado em 21.01.2014

PaulaNewport, Diretora de RH, Aardman Animations, Gas Ferry Road, Bristol, BS1 6UN, (Entrevistada em 21.01.2014)

Visita ao local:

JohnLewis Store, High Wycombe, Visitado em 16th novembro 2013

Science Museum, Exhibition Road em South Kensington, Londres, SW7 2DD, visitado em 12th Jan 2014

Cinema, vídeo, televisão (incluindo em linha):

Simon's Cat Youtube, 'Christmas Presence', ttp://www. youtube. com/watch?v=abPLDLV8O4s (Acedido em 27.12.2013)

'HuHa2! Canal YouTube, 'Future Heroes | Heroes of Animation', < ttp://www.youtube.com/watch?v=k-A5InlAgRY> (Acedido em 02.12.2013)

Site da TandemFilms, ' *Marmite Paddington',* Vídeo da TandemFilms, < ttp : //www. tandemfilms. com/marmite -paddington-daniel- gre aves- tobias-fouracre/> (Acedido em 28.12.2013)

Sítio Web da Tandem Films, "Start Your Own Journey" Transport for London Advertisement, < ttp://www.tandemfilms.com/tfl-website-launch-chris-gavin-tobias-fouracre/> (Acedido em 19.12.2013)

Studio AKA, sítio Web de Londres, "***The making of TSB: The Story***" Studio AKA

Vídeo, https: //**www**. studio aka, co. uk/QurW ork/isb/hes/ory > (Acedido em 17.01.2014)

Anúncio de Natal da John Lewis 2013 - O Urso e a Lebre, ttp://www.youtube.com/watch?

v=XqWig2WARb0/(Accessed 02.01.2014)

Vimeo, Blink Channel, "John Lewis 'The Bear & The Hare' - The Making Qf Video", < ttp://vimeo.com/78254514> (Acedido em 02.01.2014)

Canal YouTube da Transport for London, <tp : //www. youtube. com/user/T ransportforLondon/video s.> (Acedido em 20.01.2014)

Sítio Web Vimeo, *3D printing In Ceramic,* Firebird Films AHRC Video, ftp://vimeo.com/44729749 (Acedido em 21.01.2014)

Referências de imagens

Capa frontal:

Anúncio de Natal da John Lewis 2013 - O Urso e a Lebre, ttp://www.youtube.com/watch? v=XqWig2WARb0/(Acedido em 02.01.2014)

Figura 41 - Ciclo de marcha, do livro "Animators Survival Kit" de Richard Williams, p109

Figura 42 - Moldura de produção desenhada "Dumbo", 1941, do sítio Web da LiveAuctioneers

<://www.liveauctioneers.com/item/9075850> (Acedido em 27.11.2013)

Figura 3 - Cartaz da longa-metragem de 2011 "Winnie the Pooh", do sítio Web AnimatedViews

<://animatedviews.com/201 1/winnie-the-pooh-blu-ray-and-dvd/> (Acedido em 02.12.2013)

Figura 4 - Cartaz de 'Carros 2', concorrente de Winnie the Pooh em 2011, Disney Pixar, Do site da Pixar <://www.pixar.com/features_films/CARS-2_> (Acedido em 03.12.2013).

Figura 5 - Desenho da armadura do filme 'Paranorman', retirado do site Youtube < ://www.youtube.com/watch?v=-d-XzmPNmkg> (Acedido em 28.12.2013)

Figura 6 - Wallace e Gromit, Aardman, imagem do sítio Web da Aardman <ttp://images.wallaceandgromit.com/films/granddayout/gallery/gdo1.jpg >(Acedido em 24.12.2013)

Figura 7 - 'ChickenRun' Aardman, 2000, do sítio Web da DraftHouse <://drafthouse.com/movies/chicken_run/kalamazoo> (Acedido em 24.12.2013).

Figura 8 - Characterrig para 'Scrat', Ice Age, do site BlueSkyStudios <://blueskystudios.com/making-movies/characters-sets/> (Acedido em 03.12.2013)

Figura 9 - Renderização completa em 3-D de 'Scrat', Idade do Gelo, do sítio Web da BlueSkyStudios < ://blue sky studio s .com/making-movie s/characters-sets/_> (Acedido em 03.12.2013)

Figura 10 - Cartaz de 'Toy Story' DisneyPixar 1995, retirado do site da Pixar <://www.pixar.com/features_films/TOY-STORY_> (Acedido em 03.12.2013).

Figura 11 - Cartaz de "Universidade Monstros" Pixar, 2013, do sítio Web da Pixar

<://www.pixar.com/features_films/Monsters-University_> (Acedido em 03.12.2013)

Figura 12 -Póster do filme Despicable Me 2, 2013, imagem retirada do Website 'tlkaboutmovies' <ttp√tlkabtmovies.files.wordpress.com⁄2013⁄07⁄2013-despicable-2-movie-poster-2- 1371464277848.jpg≥ (Acedido em 03.12.2013)

Figura 13 - 'Thought of You - Making of Adobe Flash Screenshot, 2011, do site Vimeo < ttp√vimeo.com⁄21096567> (Acedido em 28.12.2013).

Figure 14 - Gato do Simão, 'Presença de Natal' 6 dez 2013, do canal de Youtube do Gato do Simão <7⁄www.youtube.com⁄watch2v=abPLDLV8O4s≥ (Acedido em 27.12.2013)

Figure 15 - *Paddington Bear,* Episódio 16, CriadorMichaelBond, Animador Ivor Wood, Filmfair, Londres, 1975 (Série de Televisão)

Figura 43 - *Urso Paddington*, anúncio da Marmite, Tandem Films, 2007 < hhp√www.tandemfilms.com⁄ ≥ . (Acedido) 27.12.2013)

Figura 17 - Ação ao vivo de Stubb Kaye e quadro composto desenhado à mão de Jessica Rabbit,

'Who Framed Roger Rabbit', 1988, do New York Times Webiste <7⁄www.nytimes.com⁄2005⁄04⁄24⁄movies⁄24scot.html7_r=0≥ (Acedido em 28.12.2013)

Figura 44 -Morph Kickstarter Campaign Video Thumbnail, Aardman, 2013 < ttp√www.kickstarter.com⁄projects⁄1961548517⁄all-new- adventures-of-morph-from-rdman-animation≥. (Acedido em 16.01.2014)

Figure 19 - Miniatura da promessa do vídeo Mr Plastimime, Kickstarter, TandemFilms, 2013, < √www.kickstarter.com⁄projects⁄tandemfilms⁄daniel-greaves-mr-

plastimime-a- laymation-short-fi≥ (Acedido em 16.01.2014)

Figure 20 - FirebirdFilms Ltd, GPSLHandmade Animation, 2013, < √www.firebird-ilms.co.uk/≥ (Acedido em 17.01.2014)

Figure 21 Motor a jato Rendermedia< 7/www.rendermedia.co.uk/sobre≥

(Acedido em 17.01.2014)

Figura 45 - Gromit Unleashed Aardman Design 'Stat's', visita ao local em Bristol, julho de 2013 (Fotografia dos autores)

Figura 46 - Desenho da Pixar Gromit Unleashed "Gromit Lightyear", visita ao local em Bristol, julho de 2013 (Fotografia dos autores)

Figura 47 - Gromit Unleashed Simon's Cat Design 'Doodles', visita ao local em Bristol, julho de 2013 (Fotografia dos autores)

Figura 48 - Primeiro fotograma estático, anúncio da nova campanha da Transport for London. TandemFilms, junho de 2013, www.tandemfilms.com >,(15.01.2014)

Figura 49 - Segundo fotograma, anúncio da campanha Transport for LondonNew. Tandem Films, junho www.tandemfilms.com >, (15.01.2014)

Figura 50 - Anúncio animado 'TSB: The Story', Studio AKA, Londres, setembro de 2013, < ttp://www.dandad.org/inspiration/features-and-opinion/tsb-the- story-drawing- ostalgia> (Acedido em 17.01.2014)

Figura 51 - Um still da produção 'Behind the Scenes' de 'TSB: The Story' mostrando o 3- D e o 2-D Blend, Studio AKA, setembro de 2013, < ://www.dandad.org/inspiration/features-and-opinion/tsb-the-story- drawing- ostalgia> (Acedido em 17.01.2014)

Figura 52 - Still Shot do anúncio de Natal da John Lewis de 2013, The Bear & The Hare, Blink Ink, 2013, <://www.youtube.com/watch? v=XqWig2WARb0t(Acedido em 21.01.2014)

Figura 53 - 'Making of JohnLewis Christmas Advertisement', 2013, <ttp://vimeo.com/78254514> (Acedido em 02.12.2014)

Figura 54 - Ecrã interativo John Lewis "Cave" High Wycombe, novembro de 2013

(Fotografia dos autores)

Figura 55 - Oportunidade fotográfica interactiva da "Gruta" de JohnLewis, High Wycombe, novembro de 2013 (Fotografia dos autores)

Figura 56 - Flatworld, Animação 3-D com desenho tradicional, Daniel Greaves, 1997, <

://www.youtube.com/watch?v=6DE3qPuJLV4> (Acedido em 20.12.2014)

Figura 57 - Will Anderson,'The Making of Longbird', Front Still,2011, < ttp://vimeo.com/24052185>, (Acedido em 15.01.2014)

Figura 58 - Peça promocional do Festival Encounters, 2013, <p://www.encounters-estival.org.**uk/_> (Acedido em 20.01.2014)**

Figura 59 - Quadro de título do curso de animação de personagens da Aardman e do NFTS, 2013, <://nftsfilm-tv.ac.uk/our-courses/certificate/character-animation> (Acedido em 22.01.2014)

Figura 60 - Aardman Character Animation, Stop Motion, 2013, <ttp://vimeo.com/81089765> (Acedido em 20.01.2014)

Figura 61 - Aardman Character Animation, 3-D, 2013, <ttp://vimeo.com/81089765> (Acedido em 20.01.2014)

Figura 62 - Cartaz teatral de 'The Boxtrolls', 2014< ttp://www.theboxtrolls.com/> (Acedido em 22.01.2014)

Figura 63 - 3Doodler, 2013, <://www.stuff.tv/3doodler/review>, (Acedido em 22.01.2014)

Figura 64-Cel Robox, 2013, <://robox.cel-uk.com/robox/rbx1.html>, (Acedido em 22.01.2014)

Figure 65 - Science Museum, Scanned Visitors into 3D Models, 2014 (Fotografia dos autores)

Figure 66 - Impressão 3D de gráficos promocionais na loja ASDA, York, 2014,< ://www.asda-photo.co.uk/about/ThreeD_> (Acedido em 22.01.2014)

Printed by Books on Demand GmbH, Norderstedt / Germany